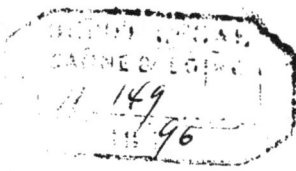

Ph. GUILLEMIN

LE

RETOUR DE L'ANGLETERRE

A

L'ÉGLISE CATHOLIQUE

CHALON-SUR-SAONE

LOUIS MARCEAU, IMPRIMEUR-ÉDITEUR

5, RUE DES TONNELIERS

1896

LE

RETOUR DE L'ANGLETERRE

A

L'ÉGLISE CATHOLIQUE

DU MÊME AUTEUR

LES PREMIERS SONS D'UN VIEUX LUTH, vol. in-8°. F° 3 fr. par
2 exemplaires et plus, colis postal, 2 fr. 50, f°.

EN PRÉPARATION

1° TROIS POÈMES : Les Hôtes de mon presbytère, La Veille des
Morts, Les Vœux d'un vieux Prêtre.

2° 45 HYMNES A LA REINE DU CIEL.

Ces deux derniers en souscription.

PH. GUILLEMIN

LE

RETOUR DE L'ANGLETERRE

A

L'ÉGLISE CATHOLIQUE

CHALON-SUR-SAONE

LOUIS MARCEAU, IMPRIMEUR-ÉDITEUR

5, RUE DES TONNELIERS

—

1896

AVANT-PROPOS

A l'occasion de la lettre du Souverain-Pontife au peuple Anglais, le P. Ragey, mariste, vient de donner en volume les articles parus dans l'Université Catholique de Lyon, sur le mouvement de l'Angleterre vers l'Église catholique.

D'une part, il expose, avec une pleine connaissance de la situation, les motifs qu'il y a d'espérer la conversion en corps de l'Église anglicane, de l'autre, il énumère, avec une égale vérité, les obstacles qui se dressent, nombreux, redoutables, devant les pas de ce corps en marche ; de telle sorte que le lecteur, en le suivant, passe par une alternative de joie et de tristesse, pour aboutir à cette conclusion, qu'il faut tout attendre de la grâce d'En-Haut. Mais la grâce, nul chrétien ne l'ignore, s'obtient par la prière fervente et persévérante. Les Anglais prient. Lord Halifax, et il n'est pas le seul, les y excite avec une conviction profonde et saisissante. Léon XIII convie les fidèles à prier pour les frères « dissidents » ; il a même composé, à cette fin spéciale, une formule de prière où il a mis toute la charité et toute la foi de son cœur.

La lecture des articles du P. Ragey nous a inspiré le désir de collaborer, pour une part minime, sans doute, selon nos moyens, à ce grand œuvre de reconstitution religieuse. De là cet écrit. C'est le résumé poétique de la situation, se terminant par l'appel des Catholiques à la prière, selon les intentions du

Saint-Père, et par une apostrophe à la France déchue, mais qui se relèvera.

A la suite de ce petit travail nous reproduisons la prière de Sa Sainteté Léon XIII, en son texte latin suivi de la traduction française.

Et maintenant nous déposons ce livret aux pieds de la Reine du ciel, dont l'Angleterre est la dot, la suppliant de lui faire atteindre le but désiré, qui est d'aider à la propagation de cette ligue de la prière catholique, en vue de hâter le jour de la miséricorde, le jour de la grâce, lumière qui éclaire la marche, force qui renverse les barrières du chemin. Alors on verra le plus grand des miracles, les nations éparses, se rangeant, des quatre coins du globe, sous la houlette du vrai Pasteur et marchant d'un seul front à la conquête du royaume éternel. Ainsi soit-il !

Navilly, le 10 mai 1896.

« La foi catholique en Angleterre, cette forêt de chênes séculaires coupée au ras du sol, a laissé des racines fécondes. Elles ont longtemps dormi sous une couche de neige ; mais aujourd'hui la sève circule et quelques jets vigoureux percent déjà la terre : la forêt va ressusciter ! »

PAUL VRIGNAULT, *Le Croisé*, 1859.

« Autrefois il n'y avait qu'une seule Église, et de cette Église, et de cette unité Rome était le symbole et le centre. Rome fut non seulement le seul siège apostolique de l'Occident ;.. mais en ce qui concerne l'Angleterre, Rome fut la source d'où nos ancêtres Saxons tirèrent leur Christianisme... Cantorbéry était la fille de Rome... Ne craignons pas de le dire franchement, l'union avec Rome est possible, elle est désirable. Déclarons-le sans détour, nous désirons la paix avec Rome de tout notre cœur... Dieu nous demande de faire notre possible, afin de pouvoir, à son tour, couronner nos efforts... Si nous fatiguons ses oreilles de nos supplications unies, Lui, qui ne demande qu'à être prié, nous accordera l'accomplissement de nos désirs, et, à son heure, il mettra fin aux divisions de la Chrétienté. »

LORD HALIFAX, discours prononcé à Bristol,
le 14 février 1895, cité par le P. Ragey.

« S'il se présente quelques difficultés, elles ne sont pas de nature à arrêter notre zèle, ni à faire obstacle à notre énergie... La confiance que nous avons d'une heureuse issue, nous l'appuyons par-dessus tout sur le merveilleux pouvoir de la grâce de Dieu...

Nous ne devons pas juger les événements en nous plaçant seulement à un point de vue humain, mais nous devons plutôt consi-
dérer la puissance et la miséricorde de Dieu. Dans les entreprises
grandes et pénibles, pourvu qu'on s'y consacre avec une volonté
ardente et droite, Dieu se tient à côté de l'homme, et c'est préci-
sément dans ces difficultés que l'action de la Providence brille
avec le plus d'éclat... »

Lettre apostolique du Pape Léon XIII
au peuple anglais, 14 avril 1895.

LE

RETOUR DE L'ANGLETERRE

A

L'ÉGLISE CATHOLIQUE

> Illi... clamabant... : Domine, miserere nostri !...
> — Quid vultis ut faciam vobis? — Domine, ut ape-
> riantur oculi nostri... Misertus... Jesus tetigit oculos
> eorum, et confestim viderunt...
>
> MATTH., XX.

> « Ils criaient... : Seigneur, ayez pitié de nous!
> » — Que voulez-vous que je vous fasse? — Sei-
> » gneur, que nos yeux s'ouvrent... Jésus, compatis-
> » sant, leur toucha les yeux et aussitôt ils virent. »

Un spectacle divin s'annonce sous les cieux...
Je vois... O Dieu, que vois-je?.. En croirai-je mes yeux?..
L'amour domptant la haine, et, sublime victoire !
Le monde aux pieds du Christ... Que c'est beau pour y croire !
Vit-on le léopard se laisser prendre au brai ?
Illusion!... Pourtant, Seigneur, si c'était vrai !...

Chrétiens, du haut de la falaise
A travers les brumes de mer,
Regardez et tressaillez d'aise :
Des signes éclatent dans l'air...

O fins politiques, silence !
Voyez-vous ce vaisseau géant
Qui majestueux se balance
Sur les lames de l'Océan ?

Céleste nef ! C'est l'arche sainte,
C'est le salut des nations,
Sûr asile ouvrant son enceinte
Aux naufragés des passions.

De l'amour invincible apôtre,
Ange de la Divinité,
Elle vogue d'un peuple à l'autre,
Offrant la paix dans l'unité.

Un noble appel de délivrance
L'attire aujourd'hui vers le Nord ;
Sa voile s'enfle à l'espérance
D'amener tout un peuple au port.

Les voix, les cœurs, tout a pris flammes
A ce magnanime dessein :
C'est que trois cents millions d'âmes
Vont trouver la vie en son sein !

Le plus fier peuple de la terre,
Un lambeau jadis arraché
Au manteau du Christ, l'Angleterre,
Veut être à son tout rattaché.

Il a tourné les yeux vers Rome;
Léon Treize lui tend les bras...
Qu'en va-t-il advenir en somme ?
Dieu puissant, ce que tu voudras...

Est-ce une visée illusoire
Que le léopard pris au brai ?
Certes, c'est bien beau pour y croire...
Pourtant, Seigneur, si c'était vrai !..

Au plus creux des bas-fonds de la nature humaine,
Je cherchais la raison de ce renfort de haine
    Qui se heurte à l'œuvre du Christ.
Je me disais : Comment, enfiévrés que nous sommes,
De tous les plans conçus pour le bonheur des hommes
    Le dévoûment est-il proscrit?

Par quel aveuglement les puissants de la terre,
A l'Église qui sait les secrets du mystère
    D'où naissent les maux des humains,
Qui possède en son fonds de divines ressources
Pour guérir les douleurs, pour en tarir les sources,
    Ont-ils bien pu lier les mains ?...

Ils parlent en geôliers, la menace à la bouche ;
Ils ont levé contre elle un visage farouche,
        Comme un loup prêt à dévorer
Une brebis laissée à l'écart, sans défense ;
Ils font le peuple impie ; on voit jusqu'à l'enfance
        Dressée à la déshonorer...

Ils veulent l'étouffer dans le vide ; à l'oreille
Ils se disent sa fin prochaine ; c'est merveille
        De leur voir cet air triomphant...
J'observais les effets, sans découvrir les causes :
Le Très-Haut pour l'Église ourdit de grandes choses,
        L'Enfer effrayé se défend...

        Ses hordes vaguent par le monde,
        Soufflant la guerre et la terreur,
        Et l'impiété les seconde,
        Aveugle agent de leur fureur.

        Michel a levé ses phalanges
        Au cri connu : *Quis ut Deus !*
        La blanche milice des Anges
        A répondu : *Vincet Agnus !*

Angleterre, Angleterre ! ô nation élue !
De cette guerre à mort ta conquête est l'enjeu...
Seras-tu de Satan la serve résolue,
        Ou le fier champion de Dieu ?

Jésus-Christ a sur toi de sublimes visées :
Viens appuyer ta foi sur le roc éternel,
Alors les nations verront réalisées
Des merveilles de paix et d'amour fraternel...

Il veut par tes exploits sur la terre et sur l'onde
    Asseoir l'empire universel ;
Tu te sens à l'étroit dans les bornes du monde ?...
    Il t'ouvre l'infini du Ciel !

O merveilleuse destinée
D'un peuple hier persécuteur,
Dont le Christ, — amour obstinée ! —
Veut faire un peuple rédempteur !

Mais, peuple, prends garde au sophiste,
Au séducteur des premiers jours,
Au hideux que le beau contriste :
Il est fourbe et menteur toujours !

C'est le fauteur de l'ignorance
Qui ferme l'œil pour ne pas voir,
Et sacrifie à l'apparence
La réalité du devoir.

Il est la nuit, nuit meurtrière
De la naissante vérité ;
Il se fait ange de lumière
Pour mieux semer l'obscurité.

Il se tient, noire sentinelle,
Au carrefour des deux chemins ;
Il masque le bon de son aile,
Vers l'autre il pousse des deux mains.

Il est la subtile discorde
Qui sépare les volontés ;
Ou bien dans le faux les accorde
En le teintant de vérités.

Peuple, sois sûr que sa furie
Met tout en jeu pour t'égarer ;
Et le seul moyen d'y parer
C'est la prière. O peuple, prie !

❧

Il prie... O monde, écoute... Admirable ferveur !
Ils sont des légions qui n'ont pas d'autres armes,
Et pour vaincre, s'il faut les tremper en leurs larmes,
Seigneur, ils rentreront au bercail *for ever* [1] *!*..

O douce espérance,
Deviens assurance,
Baume à la souffrance
De l'Église en deuil !
Que ce peuple voie
L'heure de la joie !
O Dieu, de sa voie
Écarte l'écueil !

Brise du scytale,
Bouche de scandale,
La rage infernale,
O Dieu Sabaoth !

1. Pour toujours : Prononcez *eveur*.

Et qu'en souveraine
La céleste Reine
S'avance, et reprenne
Sa royale dot !

Seigneur, pour ta gloire,
Hâte la victoire,
Coup préparatoire
A tes beaux desseins ;
Et qu'on voie encore
Les vertus éclore,
Comme à son aurore,
En l'île des Saints !

※

Catholiques, jaloux des grandeurs de l'Église,
Qui brûlez que son règne étende son essor,
Et, pour que l'idéal du Christ se réalise,
Déposez à ses pieds la prière avec l'or,
Pour cette nation, de désirs éperdue,
Qui tente d'expulser de pénibles rancœurs,
Ne ressentez-vous pas au profond de vos cœurs
Ce que sentait Jésus pour la brebis perdue ?..
Eh bien, je me sens, moi, saisi d'un tendre amour
Pour cette sœur souffrante, inquiète, effarée,
Qui s'agite dans l'ombre, en attendant le jour,
Pour cet os disloqué qu'une humeur acérée
Empêche de rentrer sans douleur en son lieu,
Pour cet œil obscurci qui pressent la lumière,
Qui cherche son chemin et qui demande à Dieu
Le bienfait regretté de la clarté première...

Catholiques, prions !..

                            Si cette charité
Que le cœur de Jésus, divin brasier, recèle,
Et dont le monde a vu l'étonnante beauté,
A laissé dans nos cœurs une seule étincelle
Qui puisse encor percer l'égoïsme glacé ;
Si ce feu qu'en passant Il a mis à la terre
N'est pas mort, sous les riens de la vie oppressé,
Catholiques, prions, prions pour l'Angleterre !...

Ce peuple deux cents ans lutta contre l'erreur,
Sous le joug des tyrans que Satan seul excuse ;
Il fallut pour le vaincre et la force et la ruse,
                   Deux cents ans de terreur.
La seule violence en a fait un rebelle,
Mais le Dieu de douceur le rappelle au bercail.
Il écoute... et ne sait si c'est Lui qui l'appelle...
Tente un effort... mais quoi ? plus d'un épouvantail
Sur sa route dressé le rejette en arrière.
L'espace à parcourir est d'un sol aréneux,
Dont un vent infernal soulève la poussière ;
Des rochers hérissés, des halliers épineux,
Mille obstacles cruels déconcertent sa marche.
Il faut que devant eux la grande main de Dieu
Fasse, comme autrefois devant le Patriarche,
Fuir la mer et briller la colonne de feu...
Ils ont erré longtemps sous un ciel sans étoiles,
Voyageurs égarés en leur âpre chemin ;
Que la faible lueur qui pointe sous ces voiles
Leur devienne soleil, ils chanteront demain

Sous les cieux enviés de l'antique patrie,
Où leurs pères sont nés et dans la paix sont morts...
Catholiques, prions ! A ce peuple qui crie
Au secours, pourrions-nous rester sourds, sans remords ?...
Irlande, prie aussi, martyre séculaire !
Venge-toi de ce joug trop longtemps supporté :
Aux liens de saint Pierre enchaîner l'Angleterre,
Va, c'est briser la chaîne où meurt ta liberté...

Prions tous ! que la grâce achemine nos frères
Et fixe dans la paix leurs esprits reposés.
Comme on voit deux courants de fluides contraires
Partir en même temps de pôles opposés,
Et vers le même but, en l'ardeur qui les presse
Accourir et d'un trait rapide fendre l'air,
Pour aller se confondre, irrésistible ivresse,
En un heurt éclatant qui fait jaillir l'éclair,
Ainsi de ces deux camps adverses, que divise
Un intervalle immense, élargi par leurs fois,
De la noble Angleterre et de la sainte Église,
Que deux jets de prière, élancés à la fois
Vers le centre commun où l'amour les convie,
Aillent s'unir en Lui, chargés du même vœu ;
Et de cette union, engendrement de vie,
Splendide éclatera la lumière de Dieu.
Et ce peuple joyeux suivra cette lumière,
Et le drapeau du Christ deviendra son drapeau,
Déployant sous le Ciel la devise première :
    Un seul Pasteur, un seul troupeau !

O joie, ô fête universelle,
Où la terre et les cieux uniront leurs concerts !
Heureux ceux qui verront, heureux les yeux ouverts.
Au miracle inouï que l'avenir recèle !

. . . .

Quelle charmeuse harmonie,
D'une douceur infinie,
Me descend des hauteurs ?
Est-ce la symphonie
Des célestes chœurs,
Préludant, divins esthètes,
A la splendeur de ces fêtes
Par des accords enchanteurs ?...

Comme chrétien, mon âme exulte d'espérance ;
Comme Français, j'ai peur... Oui, j'ai peur, ô ma France !
Toi qui souvent rêvée en mes veilles d'enfant,
Avec ton œil de flamme et ton port triomphant,
Si belle m'apparus, dès que je t'eus connue,
France, cette beauté, qu'est-elle devenue ?...
Alors, quand mes regards, aujourd'hui pleins de deuil,
Te fixaient, je sentais mon cœur s'enfler d'orgueil.
En un immense fond d'obscurité profonde,
Au centre illuminé, comme un autre Thabor,
Sous ton manteau royal, tissu de lis et d'or,
Je te voyais debout sur le globe du monde,

Prêtant l'oreille aux cieux...
Ta bouche souriait, et l'éclair de tes yeux
   Perçait au loin l'épaisseur des ténèbres...
De partout, dans la nuit, montaient des bruits funèbres,
Clameurs des nations... Tes lèvres frémissaient,
Et ta puissante main tirant sa lourde épée,
     Des éclairs jaillissaient,
     Et de terreur frappée,
La terre se taisait tremblante sous ton pié...
Pour chanter tes grandeurs, la voix de l'épopée
     N'eût suffi qu'à moitié...

Aujourd'hui tu n'es plus qu'une reine déchue,
Moquée, à qui la honte en partage est échue ;
Que des fous furieux, ivres d'impiété,
Pour leur haine assouvir jusqu'à satiété,
Veulent marquer au front de toutes les souillures,
Afin d'en effacer tes gloires les plus pures...
De leur souffle empesté la morbide vapeur
Te pénètre et te tue, ô ma France, et j'ai peur !...
Soldat de Dieu, tu fuis, désertant son service ;
L'Anglais prendra ta gloire en prenant ton office ;
Vers l'Église il gémit des appels attendris,
Et toi, sa fille aînée, et toi, tu la proscris !
Et bientôt, accablés des colères divines,
Tes vrais enfants viendront pleurer sur des ruines,
Maudissant les Sans-Dieu, ces suppôts de Satan,
Qui, menteurs effrénés, vendeurs d'orviétan,
Auront si bien pétri ton peuple à leur image,
Qu'il se glorifira de son joug d'esclavage...

Non! Jésus-Christ se lève. Il entr'ouvre les cieux ;
La terre s'illumine aux flammes de ses yeux.
Deux Reines, devant Lui, du bout de leur épée,
A la lame de feu, divinement trempée,
Consultant son regard, décrivent le chemin,
Par où leurs légions repousseront demain,
Jusqu'au fond des enfers, ces hordes forcenées
Qui traînent à leurs chars tant d'âmes enchaînées...
Le genre humain, purgé de cette insanité,
Respire dans la paix et dans la vérité...
Ma peur s'évanouit ; je gardai l'espérance :
Ces deux Reines étaient l'Angleterre et la France...

Navilly (Saône-et-Loire), le 3 février 1896.

ORATIO

AD BEATAM VIRGINEM MARIAM

A SUM. PONTIF. LEONE XIII

proposita ad conversionem Angliæ obtinendam

O beata Virgo Maria, Mater Dei, Regina nostra et Mater dulcissima, benigna oculos tuos converte ad Angliam quæ Dos Tua vocatur, converte ad nos qui magna in te fiducia confidimus. Per te datus est Christus Salvator mundi, in quo spes nostra consisteret ; ab ipso autem tu data es nobis per quam spes eadem augeretur. Eia igitur ora pro nobis quos tibi apud crucem Domini accepisti filios, o perdolens Mater : intercede pro fratribus dissidentibus ut nobiscum in unico vero Ovili adjungantur Summo Pastori, Vicario in terris Filii tui. Pro nobis omnibus deprecare, o Mater piissima, ut per fidem bonis operibus fœcundam mereamur tecum omnes contemplari Deum in cœlesti patria et collaudare per sæcula. Amen.

« Qui rite precem recitaverint quam huic epistolæ subjicimus, indulgentiam singulis, etiam non Anglis, dierum trecentorum tribuimus, plenariam præterea, semel in mense, recitantibus quotidie, consuetis servatis conditionibus. »

PRIÈRE

A LA BIENHEUREUSE VIERGE MARIE

PROPOSÉE PAR LE S. PONTIFE LÉON XIII

à l'effet d'obtenir la conversion de l'Angleterre

O Sainte Vierge Marie, Mère de Dieu, notre Reine très gracieuse et Mère très douce, jetez un regard de bonté sur cette Angleterre qui est votre « dot », et sur nous qui plaçons en vous toute notre confiance. C'est vous qui avez donné au monde Jésus, notre Sauveur et notre espoir ; et c'est Lui qui vous a donnée à nous afin que par vous notre espérance s'accrût encore. Soyez donc notre avocate, à nous, que vous avez adoptés pour enfants auprès de la croix du Seigneur, ô Mère douloureuse. Intercédez pour nos frères séparés afin qu'ils soient unis avec nous, dans le seul vrai troupeau, au suprême Pasteur, le Vicaire de votre Fils. Priez pour nous, ô Mère très aimante, que par une foi féconde en bonnes œuvres nous méritions tous de contempler Dieu avec vous en la céleste patrie et de le louer à jamais. Ainsi soit-il.

300 jours d'indulgence, chaque fois qu'on récitera cette prière. A ceux qui la diront chaque jour, un mois durant, indulgence plénière, une fois dans le mois, aux conditions ordinaires.

CHALON-SUR-SAÔNE, IMPRIMERIE DE L. MARCEAU.

www.ingramcontent.com/pod-product-compliance
Lightning Source LLC
Chambersburg PA
CBHW060713280326
41933CB00012B/2418